Kezban Ebru Yilmaz

KARABAŞ TECVİDİ

FAZİLET NEŞRİYAT

KARABAŞ TECVİDİ

Grafik / Tasarım
Fazilet Neşriyat

Baskı
Fazilet Neşriyat

İstanbul 2014

ISBN
978-975-9018-38-2

T.C. Kültür ve Turizm Bakanlığı
Yayıncılık Sertifika No:
16384

FAZİLET NEŞRİYAT

Bağlar Mah. Mimar Sinan Cad. No: 54 Güneşli - Bağcılar / İstanbul
Tel: 0212 657 88 00 Faks: 0212 657 95 88
www.fazilet.com.tr

KARABAŞ TECVİDİ

Takdim

Lugaten, bir şeyi güzel ve hoşça yapmak mânâsına gelen ***tecvid****, tef'îl vezninde mastardır.*

Kırâat ilminde ise; harflerin lâzımî ve ârızî sıfatlarını vererek, her bir harfi mahrecinden çıkartmaktır. Bu itibarla tecvid; kuvvetlilik, zayıflık, yumuşaklık, âhenklilik, sâdelik vs. bakımlarından çıkış yerlerine göre, her harfin hakkını vererek okumak mânâlarına gelmektedir. Bir başka ifade ile ***tecvid, Kur'ân-ı Kerim'i belli kâidelere göre okumayı öğreten bir ilim dalıdır... Kezâ, bu ilim dalı üzerine yazılmış kitabın adıdır.***

Tecvid'in gâyesi, ilâhî kelâmın okunuşunda, dili her türlü hatadan korumaktır.

Kur'ân-ı Kerim'i okumakta üç usûl vardır:

1) Tertîl *üzere okumak... Yani kelimeleri tane tane, yavaş yavaş, açık bir şekilde ve durulacak yerlerde durarak, düşünerek okumak...*

2) Hadr, *yani tecvid kâidelerine riâyet etmekle birlikte süratlice okumak...*

Ancak süratte ileriye gidip kelimeler birbirine karışacak şekilde okumamak lâzımdır. Bu türlü okumaya Hedrame denilir ki, makbul bir okuyuş değildir. Nitekim Hz. Ömer (r.a.), ***"Yola gitmenin fenası hayvanı bîtap edecek derecede***

sürmek; kırâatin*(okumanın)* ***fenâsı da kelimeler birbirine karışacak şekilde süratli okumaktır"*** *buyurmuşlardır.*

3) ***Tedvîr*** *yolunu tâkip etmek... Tedvîr; ne çok hızlı, ne de yavaş; tertîl ile hadr arasında orta kıvamda okumaktır. Kurrânın en çok iltifat ettiği usûl de budur.*

Her türlü okuyuş şekillerinde, harflerin hakkına riâyet ederek, tecvid üzere okumalıdır. Çünkü Cenâb-ı Hak, ***"...Kur'ân-ı tertîl üzere oku"*** *(Müzzemmil Sûresi, âyet: 4) buyuruyor.* ***Hz. Ali*** *(k.v.)'ye tertîl'in mânâsı sorulduğunda,* ***"Tertîl, harflerin tecvidi ile durak yerlerini bilmektir"*** *buyurmuşlardır.*

Tecvid'in ehemmiyetine dair bir menkıbeyi burada hatırlatmakta fayda görüyoruz... Şöyle ki:

Meşhur altı hadis kitabının birincisi olan Sahih-i Buhârî'nin müellifi İmâm İsmâil Buhârî (rh.) Peygamber Efendimiz (s.a.v.)'den nakledilen her hadîsin bütün senetlerini iyice araştırır. Eğer söz, Resûlüllah Efendimiz'e kesintisiz ulaşıyorsa, son olarak da boy abdesti alır ve yatar. Mânâ âleminde Efendimiz'e sorardı. "Evet, o söz benimdir" cevabını aldıktan sonra kitabına yazardı. Yine bir defasında, ***"el-Hayâü mine'l-îmân:*** *Hayâ îmândandır" hadîs-i şerîflerini sormuş, fakat "O söz benim değildir" cevabını almıştı. Hadisin metin ve râvîlerini yeniden tedkik etti. Ve tekrar sordu. Bu defa da aynı cevabı aldı! Bunun üzerine hadîs-i şerîfi yeni baştan tedkik süzgecinden geçirdi. Gördü ki, nakiller sağlam, metin doğru. Üçüncü defa, yeniden sorduğunda hadîs-i şerîfi daha dikkatlice okudu. Tecvidi-ne riâyet etti. Medd-i muttasıl olduğu için çekilmesi* *vâcip olan "el-Hayaaaaü" kelimesini dört Elif miktarı çekerek okudu. Resûlüllah Efendimiz de,* **"Evet, şimdi bu söz benim sözümdür"** *diyerek, daha önceki okumalarında "el-Hayaaaaü" kelimesini çekmeden telaffuz ettiği için reddettiğini beyan buyurdular.*

Biz de tecvidin ehemmiyetine binâen, bugüne kadar sahasında kıymetinden hiçbir şey kaybetmeyen Karabaş Tecvidi'ni esas alarak, elinizdeki bu kitapçığı hazırladık. Eseri hazırlarken, mümkün mertebe yorucu ve sıkıcı olmaması, sade ve kolay anlaşılır olması için gayret sarfettik. Bu sebeple mühim olan ve açıklanması gereken yerlerde, dipnotlar kullanmak yerine mevzû içerisinde ilâve izahlar getirmeye çalıştık. Bazende bütünlüğü bozmamak için parantez kullandık. Ayrıca, ilim erbâbının tedkîk ve istifâdesi için, Karabaş Tecvidi'nin asıl nüshalarından temiz bir baskıyı da kitaba ilave ettik.

Bu mühim eseri okuyucularımıza takdim ederken, hata ve unuttuklarımızdan dolayı Rabbimizin bizi muâheze etmemesini niyaz ederiz. Okuyucularımızın da engin müsâmahalarını ümid eder, gördükleri hata ve noksanları tashih ve tamamlamalarını rica ederiz.

Her türlü muvaffakiyet Allahü Teâlâ'dandır.

Fazilet Neşriyat
ve Ticaret A.Ş.

Mehâric-i Hurûf

(Harflerin çıkış yerleri)

Mahrec, harflerin ağızdan çıkış yeridir. Kırâat âlimlerinin ekserisine göre, harflerin mahreci onyedidir. Bunlar:

1) Mahrec-i cevf. Yani, boğaz ile ağız içinde olan boşluktur. Buradan Med harfleri çıkar.

2) Boğaz dibidir ki, göğse bitişik olan yerdir. Bunun evvelinden **Hemze**, sonrasında **Hê** çıkar. Bunlardan **Hemze**, açık, kuvvetlice ve ince okunur. **He** ise ince ve akıcı bir sesle telaffuz edilir.

3) Boğaz ortasıdır. Bunun evvelinden boğaz hafifçe sıkılarak açık, ince ve orta yumuşaklıkta bir sesle **Ayn**; sonrasından ise, boğazı biraz sıkarak, yumuşak ve akıcı bir sesle **Hâ** çıkar.

4) Boğaz başlangıcıdır ki, ağza yakın olan yerdir. Evvelinden kalın, açık ve yumuşak olarak **Gayın**, sonrasından da, boğazı biraz hırıldatarak kalın ve akıcı bir sesle **Hı** çıkar.

5) Dil dibinin üstü ile onun karşısındaki üst damak arasıdır. Buradan açık, kuvvetli ve kalın bir sesle **Kaf** çıkar.

6) Altıncı mahreç Kaf mahreci gibidir; lâkin, ondan bir parmak miktarı aşağıdadır. Bundanda kuvvetli, ince ve akıcı bir sesle **Kef** çıkar.

7) Dilin ortası ile birlikte üst damaktır. Bundan da sırasıyla

Cim, **Şın** ve **Yâ** çıkar. Bunlardan Cim, dilin ortasını üst damağa vurmakla kuvvetlice söylenip çıkartılır; ince ve peltek gibi bir sesle okunur. Şın, dilin ortasını damağa dayamak sûretiyle ince, yumuşak ve akıcı bir sesle çıkar. Yâ ise, dilin ortasını üst damağa vurarak çıkarılır; açık, ince ve yumuşak bir sesle okunur.

8)Yâ mahrecinin hemen sonrası ile beraber soldan veya sağdan dilin yan tarafı ve karşısındaki üst azı dişleridir ki, sivri yan dişin yanındaki azı dişine kadar olan yerdir. Bundan **Dat** hafi çıkar. Dilin yan tarafını üst azı dişlerine dokundurmak suretiyle sağda ve soldan çıkar (telâffuz edilir). Kalın, kuvvetlice ve açık bir şekilde okunur. Dat okunurken dil ucunun dişlerin arasına girmemesine dikkat etmek lâzımdır. Aksi takdirde **Dat** yerine **Zı** harfi çıkar.

9) Dat mahrecinin nihayetinden itibaren sağdan ve soldan dil ucunun iki yanı ile onun karşısı olan üst damaktır. Bundan dilin uç tarafı damağa vurularak ince ve açık bir şekilde **Lâm** çıkar.

10) Dil ucuyla üst ön dişlerin etleridir. Bundan ihfâ olmayan **Nûn** çıkar, söylenişi incedir.

11) Dil ucunun bir miktar arkasıyla üst ön dişlerin etleridir Bu mahrecden; dilin ucu kıvrılarak, üst ön dişlerin dibine vurmak sûretiyle **Râ** harfi çıkar... Râ'nın harekesi üstün ve ötre olduğu zaman, kalın, esre olduğunda ise ince okunur.

12) Dil ucuyla iki üst ön dişlerin yarılarından itibaren diş etlerine varıncaya kadar olan kısımdır. Diş etlerine gayet yakın olan yerden **Tı**, azıcık aşağısından da **Dal** harfi, dişlerin ucundan ise **Te** harfi çıkar. Bunlardan **Tı**, dil ucu üst ön dişlerin etlerine

yakın olan yere vurulmak sûretiyle çıkarılır. Kalın, kuvvetlice ve açık bir şekilde okunur. Dal ise, dilin ucu üstteki ön dişlerin ortasına vurarak çıkar ve akıcı olmayan ince bir sesle okunur. Te de üst dişlerin ucundan, akıcı olmayan ince bir sesle okunur.

13) Dil ucuyla alt ön dişlerin üst yarısıdır. Bunların yarılarına yakın yerden, kalın ve yumuşak olarak **Sad** çıkar. Yukarısından, yani dil ucu iki alt ön dişlerin ortasından başlarına yakın yere vurularak da, ince ve yumuşak bir şekilde **Sin**; başlarından ise, açık, ince ve yumuşak olarak **Ze** çıkar.

14) Dil ucunun yukarı yüzü ile üst ön dişlerin başlarıdır. Dilin tam ucunun biraz arkasından **Zı** çıkar; açık yumuşak ve kalın okunur. Azıcık ardından, dilin ucunu üst dişlerin başlarından bir miktar dışarı çıkarmak sûretiyle de, açık, ince ve peltek olarak **Zel** çıkar. Onun da birazcık ardından peltek **Se** çıkar; ince ve yumuşak okunur. Bu tertibe göre dilin ucu, Zı da gayet az; Zel de ondan biraz fazla, Se de biraz daha fazla çıkar.

15) Üst ön dişlerin uçlarıyla alt dudağın içidir. Buradan da ince ve yumuşak olarak **Fe** harfi çıkar.

16) İki dudak arasıdır. Buradan sırasıyle **Be**, **Mim**, **Vav** harfleri çıkar. Dudaklar birbirine kuvvetlice kapanmakla Be çıkar. Açık, açık ince ve sert bir şekilde okunur. Dudak içlerinin, bir miktar uçlarına yakın yerleri birbirine hafifçe kapanmakla Mim çıkarılır. Açık, ince, yarı akıcı ve genizden gelen bir sesle okunur. Dudak uçlarının büzülerek, kapanmadan öne doğru toparlanmasıyla da **Vav** çıkar. Bu da açık, yumuşak ve ince bir sesle okunur.

17) Hayşûm, yani genizden gelen bir sestir.

Bundan da Nûn-i muhaffefe ile Gunne çıkar ki; dilin ucunu ön üst diş etlerine dokundurmak sûretiyle açık, ince, akıcı ve genizden gelen bir sesle okunur.

Ancak, buraya kadar mehâric-i hurûf ile alâkalı olarak anlattıklarımız faydalı olmakla beraber, tatbikinin mutlaka fem-i muhsin yani, ağzı düzgün-kırâatı güzel bir hoca önünde yapılması şarttır, onlardan öğrenilmesi asıldır. Aksi taktirde istifâde tam olmaz, mehârici hurûf ve tecvide ait diğer hususlar gereği gibi öğrenilemez. Okuyucularımızın bu durumu dikkatten uzak tutmamalarını rica ederiz.

أعوذ بالله من الشيطان الرجيم

بسم الله الرحمن الرحيم

الحمد لله رب العالمين والصلاة والسلام على رسولنا محمد
وعلى آله وصحبه اجمعين

HARF-İ MED

Harf-i med, uzatma harfi demektir. Harflerin harekesini okurken sesi uzatmaya yarar.

Bunlar da üç harftir:

و : Vav

ى : Yâ

ا : Elif

- Vav ne zaman harf-i med olur?

- Vav sâkin (harekesiz), mâkabli (Vav'dan önceki harf) de mazmûm (ötreli) olduğu zaman Vav, harf-i med olur.

- Yâ ne zaman harf-i med olur?

- Yâ sâkin, mâkabli maksûr (esreli) olduğu zaman, Yâ harf-i med olur.

- Elif ne zaman harf-i med olur?

- Elif ise dâima sâkin olup, mâkabli (kendinden önceki harf) de meftuh (üstün herekeli) olduğunda, harf-i med olur.

Meselâ, ﴿ أُوتِينَا[1] : û tî nâ ﴾ gibi. Görüldüğü üzere bu kelime, med harflerinin üçüne de güzel bir örnektir. Şöyle ki:

Vav harfi sâkin, kendinden önceki harfin harekesi ötre olduğu için, harf-i med olmuştur. Yine Yâ sâkin, mâkabli esre olduğundan Yâ da harf-i meddir. Elif de yine bunlar gibi harf-i meddir; çünkü o da sâkin, kendinden evvelki harfin herekesi üstündür.

SEBEB-İ MED

Sebeb-i med, yukarıda anlatılan med harflerinin yani Vav, Yâ, Elif'in uzattıkları harflerin, daha fazla uzatılmasına sebep olandır. Bunlar da ikidir:

1) Hemze

2) Sükûn

Hemze, harekesi olan Elif'e denir.

Sükûn ise, harekesi olmayan harf demektir.

Bunlar Zâhiri sebeb-i medlerdir. Bir de mânevi sebeb-i medler vardır ki, onlar da ikidir:

1) Ta'zimle beraber mübâlağadır. Lafza-i Celâl'in Lâm'ında tatbik edilir.

2) Yanlız mübâğaladır. Bu da cinsini nefî için olan Lâ harfinde tatbik edilir. Meselâ: **"Lâ raybe fîh"** teki Lâ gibi.

MEDD-İ TABÎÎ

Medd-i tabîî, harfin bir elif miktarı uzatılması demektir.

Bir kelimede, med harflerinden biri bulunur, fakat sebeb-i med dediğimiz Hemze ve sükûn'dan hiç biri bulunmazsa, medd-i tabîî olur. Meselâ:

﴿ تَوَّابًا ، اَبَدًا ، طٰهٰ ﴾ (2) ﴿ الٓرٰ ﴾ (3) **Elif-Lâm-Râ**'nın Râ'sı ﴿ حٰمٓ ﴾ (4) **Hâ-Mîm**'in Hâ'sı gibi...

Medd-i tabiî bir elif miktarı, yani bir parmak kaldıracak kadar uzatılır.

MEDD-İ MUTTASIL

Medd-i muttasıl, bitişik uzatma demektir. Tecvid ilminde ise, Harf-i medden sonra sebeb-i medden **Hemze** olup ikisi bir kelimede bulunursa, buna Meddi-i muttasıl denir. Misâli:

﴿ اِذَا جَٓاءَ ، اُولٰٓئِكَ ، جِٓيءَ ، سُٓوءَ ﴾ gibi...

Medd-i muttasılın meddi (uzatılması) **vâciptir.** Zira, kıraat imamlarının hepsi uzatmış olup, hiç birisi kısa okumamıştır. Yani, medd-i tabiî gibi sadece bir elif miktarı çekmemişlerdir.

Medd-i muttasıl, İmâm-ı Hafs'ın (rh.) İmâm-ı Âsım'dan (r.h) rivâyetine göre **dört elif miktarı uzatılır.**

Bizim, kıraatta imâmımız, yedi büyük kıraat âliminden biri olan İmâm-ı Âsım (rh.) hazretleridir. Okuma şekillerini ondan rivâyet edip bizlere kadar ulaşmasını temin eden zât ise, İmâm-ı Hafs (rh.) hazetleridir.

MEDD-İ MUNFASIL

Medd-i munfasıl, bitişik olmayan uzatma demektir. Yani bir kelimenin sonunda med harflerinden birisi, diğer kelimenin başında da sebeb-i medden **Hemze** bulunursa, buna medd-i munfasıl denir. Misâl:

﴿ يَٓا اَيُّهَا[5] ، اِنّ۪ٓي اَخَافُ[6] ، تُوبُٓوا اِلَى اللّٰهِ[7] ﴾

kelimelerinde olduğu gibi...

Bu misallerde, harf-i medler (yani Vav-Yâ-Elif harfleri) ile sebeb-i med olan **Hemze**, ayrı kelimelerdedir.

Harf-i med bazen mukadder (gizli) bir Vav olur. Yani Vav gizlidir, yazılışta görünmez, fakat okunuşta vardır.

Buna misâl:

﴿ اَنَّ مَالَهٗٓ اَخْلَدَهٗ (8) ، عِنْدَهٗٓ اِلَّا بِاِذْنِهٖ (9) ﴾

Bu kelimelerdeki son harf olan He'yi çeken birer gizli Vav vardır.

Yine harf-i med bazen de mukadder bir Yâ olarak bulunur. Meselâ:

﴿ وَمَا يُكَذِّبُ بِهٖٓ اِلَّا (10) ، مِنْ عِلْمِهٖٓ اِلَّا بِمَا شَٓاءَ (11) ﴾

gibi ki, İllâ'lardan önceki "He"yi çeken gizli bir Yâ harfi vardır.

Medd-i munfasılın meddi câizdir. Çünkü bunda ihtilaf vardır; yani, kurrânın (kıraat imamlarının) bazıları uzatmış, bazıları da medd-i tabiî gibi bir elif miktarı ile yetinip kısa okumuş, daha fazla uzatmamışlardırlar.

Medd-i munfasıl yine Hafs (rh.)'ın Âsım (rh.)'dan rivâyetine göre, **dört elif miktarı uzatılır.**

Medd-i muttasıl ile medd-i munfasılda sebeb-i med olarak gelen hemzelerin yazılışları, nâdiren aynı olmakla beraber, umumiyetle farklıdır.

Medd-i muttasılda şu şekilde olur: ﴿ ء ﴾

Meselâ ﴿ جَٓاءَ ﴾ gibi... Medd-i munfasılda ise ekseriyetle uzun yazılış şekli ile gelir:

﴿ يَٓا اَيُّهَا ، اِنّٓى اَخَافُ ﴾ de olduğu gibi..

MEDD-İ LÂZIM

Medd-i lâzım, mutlaka uzatılması gereken med demektir.

Harf-i medden sonra gelen sebeb-i med, sükûn-i lâzım olursa, medd-i lâzım olur. Sükûn-i lâzım, vakfen (durulduğunda) ve vaslen (geçildiğinde) sâbit olan sükûna denir. Yani her türlü okuyuşta da durumunu muhafaza eder ki, diğer bir tâbirle cezimli ve şeddeli harf demektir.

Medd-i Lâzım dört türlüdür:

1) Kelime-i müsakkale, (ağır kelime) şeddeli yani idgamlı olan kelimedir. Bunlar, okunurken lisana ağırlık verirler. Misâli:

﴿وَلَا الضَّآلِّينَ (12)، اَلْحَآقَّةُ (13)، تَأْمُرُوٓنِّى (14)﴾ gibi...

Bu misâllerden ﴿وَلَا الضَّآلِّينَ﴾ de harf-i med, Dad harfini çeken Elif'tir. Sebeb-i med ise, şeddeli olan Lâm'ın (sükûn-i lâzım üzere) sâkin olmasıdır. Harf-i medden sonra sükûn-i lâzım üzere Lâm geldiği ve de şeddeli olduğu için, **medd-i lâzım kelime-i müsakkale** olur. Diğer misallerin izâhı da aynıdır.

2) Kelime-i mühaffefe, (hafif kelime) yani cezimli kelimedir. Şeddesiz olduğu için okunması kolay ve hafiftir.

Misâli: ﴿آٰلْـٰٔنَ (15)﴾ gibi ki, burada harf-i med, Hemze'yi çeken mukadder (gizli) bir Elif'tir. Sebeb-i med ise, ondan sonra gelen Lâm'ın sükûn-i lâzımıdır.

3) Harf-i müsakkaldir. Şeddeli yani idgamlı harftir.

[18] ﴿الٓمٓ﴾ in Lâm'ı [17] ﴿الٓمٓصٓ﴾ ın Lâm'ı [16] ﴿طٓسٓمٓ﴾ in Sin'i gibi...

Birinci misalde, medd-i lâzım harf-i müsakkal, Lâm harfidir. Şeddeli olmadığı halde telaffuzu (söylenişi), kelime-i müsakkale gibi dile ağırlık verir. Harf-i med ise, Lâm'ı çeken Elif'tir. Sebeb-i med de, Mîm'in sükûn-i lâzım ile sakin olmasıdır. Böylece bu harfler, Medd-i lâzım harf-i müsakkal olmuş olur. Diğer misâller de bunun gibidir.

4) Harf-i mühaffef cezimli-idgamsız harftir. Yani önceki gibi ağır ve idgamlı olmayıp hafiftir. Misâli:

﴿الٓمٓ﴾ in Mîm'i, ﴿الٓمٓصٓ﴾ ın Mîm'i ve Sâd'ı, ﴿الٓرٰ﴾ nın Lâm'ı ve [19] ﴿حٰمٓ﴾ in Mîm'i gibi...

Bu misallerden birincisini ele alalım: Burada Mim harfi, medd-i lâzım harf-i mühaffef'tir. Harf-i med, birinci Mim'i çeken Yâ'dır. Sebeb-i med ise, ikinci Mîm'in sâkin olmasıdır.

Böylece bu Mim, medd-i lâzım harf-i muhaffef olur. Diğer misaller de aynıdır.

Medd-i lâzımın meddi (uzatılması)**, vâciptir.** Çünkü bütün kıraat âlimleri, uzatılmasında birleşmişlerdir. Çekilmesinin ölçüsü ise, **dört elif miktarı**dır.

MEDD-İ ÂRIZ

Bir kelimede harf-i medden biri bulunup ondan sonra gelen sebeb-i med sükûn-i ârız, (sonradan sâkin) olursa Medd-i ârız olur. Sükûn-i ârız, duruldugunda sâbit, geçildiğinde ortadan kalkan sükûn demektir. Ârız, bilindiği gibi sonradan olan şeye denir. Burada da uzatma sebebi olan sükûn-i ârızın kelimede durduğumuz zaman meydana gelmesine Medd-i ârız denilmektedir. Şayet duraktaki kelime üzerine durulmazsa medd-i ârız olmaz, son harf kendi harekesi ile okunur. O zaman da Medd-i tabîî olur. Misâli:

﴿يَعْلَمُونَ[20] ، يَوْمِ الدِّينِ[21] ، نَسْتَعِينُ[22]﴾ gibi...

Birinci misâli izah edelim:

Görüldüğü gibi burada harf-i med, Vav'dır. Sebeb-i med ise Nûn'un sâkin olmasıdır. Ancak Nûn, aslen sâkin olmayıp duruldüğu zaman sâkindir. Bu Sebeple Nûn'un sükûnü ârızîdir. Şayet bu kelimede durmazsak, bu sükûn ortadan kalkar ve medd-i ârız olmaktan çıkar, medd-i tabîî olur. Diğer misaller de bunun gibidir.

Medd-i ârızın meddi, câizdir; çünkü kıraat imamları uzatılmasında ihtilaf etmişlerdir. Bu sebepe **en az bir, en çok da dört elif miktarı** çekilir.

Medd-i ârızın uzatılması son harfinin harekesine göre değişir. Şöyle ki:

A) Medd-i ârız olan kelimenin son harfinin harekesi üstün olursa üç türlü okumak câiz olur:

1. Tûl ile (dört elif miktarı uzatarak),
2. Tevassut ile (üç elif miktarı uzatarak),
3. Kasr ile (bir elif miktarı uzatarak) okunabilir.

B) Kelimenin son harfinin harekesi esre olursa, dört türlü okunabilir.

1. Tûl,
2. Tevassut,
3. Kasr,
4. Revm...

Remv, harekenin üçte birini izhar etmektir ki, hareke hükmündedir. Bu sebeple sadece kasr halinde yapılır. Böylece zayıf bir sesle hareke belirtilir.

C) Son harfin harekesi ötre olursa yedi türlü okumak câizdir:

1. Tûl,
2. Tevassut,
3. Kasr,
4. Tûl ile İşmâm,
5. Tevassut ile İşmâm,
6. Kasr ile İşmâm
7. Revm...

İşmâm, sükûndan sonra dudakları yummak demektir. Yani medlerin sonunda dudakların uçları birbirine bitiştirilmeyip ileriye doğru uzatılarak sâkine dönüştürülen ötreyi, dudak hareketiyle belirtmektir.

Revm ise, gizli (zayıfça) bir ses ile harekeyi (üçte birlik kısmını) okuyarak belirtmektir.

MEDD-İ LÎN

Medd-i lîn; yumuşak lisâna ağır gelmeyen, kolaylıkla çekilebilen med demektir. Lîn harfleri mâkabli üstün olan, sâkin Vâv ve Yâ harfleridir. Bir kelimede harf-i lînden biri bulunur, ondan sonra gelen sebeb-i med de sükûn-i lâzım veya sükûn-i ârız olursa Medd-i lîn olur. Meselâ:

﴿وَالصَّيْفِ (23)، عَلَيْهِ (24)، مِنْ خَوْفٍ (25)، وَلَا نَوْمٌ (26)﴾ gibi...

Bu misâllerden birincisinde Yâ sâkin, kendinden önceki harfin harekesi de meftuh olduğundan; Yâ, harf-i lîn olmuştur. Harf-i lînden sonra sebeb-i med olarak gelen Fe harfi de, sükûn-i ârız ile sâkin olduğu için, medd-i lîn meydana gelmiştir. Diğer misallerdeki durum da aynıdır.

Medd-i lînin meddi, câizdir. Çünkü kıraat imamları arasında ihtilaflıdır.

Medd-i lînin uzatılma miktarı ise şöyledir:

a) Eğer sebeb-i med olan sükûn dâimî, yani sükûn-i lâzım ise, iki türlü okumak câiz olur:

Tûl. Üç elif miktarı uzatmak; (dört değil). Çünkü medd-i lînde, geçiş halinde medd-i tabiî olmadığı için, medd-i ârızdan bir elif miktarı eksik uzatılır.

Tevassut. İki elif miktarı uzatmak. Misâli:

﴿كٓهٰيٰعٓصٓ (27)، حٰمٓ (28)، عٓسٓقٓ (29)﴾ Kavl-i şeriflerinde bulunan Ayın harflerinin telaffuzu (okunuşu) gibi.

Buralardaki Ayın harfinin okunuşunda; harf-i med olan Yâ'nın mâkabli meftuh, ondan sonraki sebeb-i med olan Nûn harfinin sükûnü de sükûn-i lâzım olduğu için bu medd-i lîni iki vecih okumak câiz olur.

b) Şayet sebeb-i med olan sükûn, sükûn-i ârız yani geçici olarak sâkin olursa, Medd-i ârız gibidir. Üç, dört yahut yedi türlü okumak câiz olur. (Bu vecihler, medd-i ârız bahsinde açıklandı.) Meselâ:

﴿ وَالصَّيْفِ ، مِنْ خَوْفٍ ، وَلَا نَوْمٌ ﴾ gibi...

Bu kelimelerin sonunda durulduğu zaman sâkin olarak okunur. Bu ârızî bir sükûndür. Bu sebeple, durulduğu zaman Medd-i lîn olur, durulmazsa olmaz ve son harfin harekesine göre okunur. Ancak, medd-i lîn ve medd-i ârızda; kelimenin sonundaki harfler Kalkale harfleri olan ﴿ ق ط ب ج د ﴾ harflerinden biri ise, o kelimede Revm ile İşmâm câiz olmaz ﴿ بِالْغَيْبِ ﴾[30] misâlinde olduğu gibi...

TENVÎN VE NÛN-I SÂKİN

Tenvîn; iki üstün, iki esre ve iki ötreye denir.

﴿ رَحِيمًا[31] ، شَكُورٍ[32] ، عَظِيمٌ[33] ﴾ misâllerinde olduğu gibi, kendisinde tenvin bulunan ismin sonu sâkin nun ile okunur. İki esre ve iki ötre bulunan tenvinli kelimelerde durulduğunda, tenvinler okunmaz. İki üstünlü kelimelerde durulduğu zaman ise, tenvinli kelime ﴿ ـَةً ﴾ gibi yuvarlak Te değilse, tenvin Elif olarak okunur. Eğer yuvarlak ﴿ ة ﴾ Te ise, tenvin ve Te okunmaz He olarak okunur.

Nûn-i sâkin ise cezimli yani harekesiz olan Nûn'a denir.

﴿ اَنْ ، لَنْ ، مِنْ ، مَنْ ﴾ kelimelerindeki Nûn'lar gibi...

İHFÂ

İhfâ, kelime olarak saklamak, gizlemek mânâlarına gelir. Tecvid ilminde ise İhfâ, İdgam ile İzhâr arasında, şeddeden uzak, gunneli (sesi genizden getirerek) okumak demektir.

İhfâ-yı şefevî yani dudak ihfâsı ise, sâkin Mim'den sonra Be harfinin gelmesi ile olur.

Meselâ: ﴿ اِنَّ رَبَّهُمْ بِهِمْ ﴾ (34) gibi...

Böyle hallerde "Mim" harfi biraz tutulup gunneli olarak okunur. Yani dudakları basmadan Mim harfinin sesi genize verilerek bir parça tutulmakla yapılır. İklab'da da durum böyledir. Zira sâkin Mîm Be'ye uğrarsa ihfâ-yı şefevî olur.

İhfâ harfleri on beş harftir:

صِفْ ذَا ثَنَا جُودَ شَخْصٍ قَدْ سَمَا كَرَماً ضَعْ ظَالِماً زِدْ تُقًا دُمْ طَالِباً فَتَرَى

Bu kelimelerin ilk harfleri olan şu harflerdir.

﴿ ت ث ج د ذ ز س ش ص ض ط ظ ف ق ك ﴾

Tenvin veya sâkin Nun'dan sonra bu onbeş harften biri bulunursa, İhfâ olur. Meselâ:

﴿ غَنِىٌّ كَرِيمٌ (35) ، وَفَتْحٌ قَرِيبٌ (36) ، عَنْ صَلَاتِهِمْ (37) ، مِنْ ذَكَرٍ (38) ﴾ gibi...

Bu misâllerden ilkinde, Nûn-i sâkinden sonra İhfâ harflerinden Kef bulunmuş ve böylece İhfâ olmuştur. Diğer misaller de aynen bunun gibidir.

Tenvin veya Nûn-i sâkin, ihfâ harflerinden Tı, Dal ve Te harflerine uğradığı zaman, ihfâ-yı kalîl (az ihfâ), diğer oniki harfe uğradığı zaman ise, ihfâ-yı kâmil (tam ihfâ) olur.

İhfâ, bir buçuk harf okuyacak kadar uzatılır. Gunneler de aynen bunun gibidir.

İZHÂR

İzhâr; meydana çıkarmak, göstermek demektir. Tecvid ilminde ise, iki harfin arasını açmak, yani ihfâ ve idgam yapmayıp seslerini birbirine karıştırmadan açık bir şekilde okumaktır. İzhâr, dilin ucu damağa yapıştırılarak yapılır.

Bu esnada Nûn harfi gunnesiz ve tam olarak belirtilir. İzhâr yapılırken sekte gibi olmamasına da dikkat edilir.

İzhâr harfleri altı harf olup şu Esmâ-i şerîfelerin ilk harfleridir:

﴿ اَللّٰهُ ، حَيٌّ ، خَالِقٌ ، عَدْلٌ ، غَنِيٌّ ، هَادِيًا ﴾

Yani; **Hemze, Hâ, Hı, Ayın, Gayın, He**'dir.

İzhâr harfleri boğazdan çıktığı için bunlara, Hurûf-i Halk yani boğaz harfleri de denilir. Tenvin veya Nûn-i sâkinden sonra bu altı harften biri bulunursa izhâr olur.

Meselâ:

﴿ غَفُورٌ حَلِيمٌ(39) ، مَنْ آمَنَ(40) ، مِنْ خَوْفٍ(41) ﴾ gibi...

Bu misâllerde açıkça görüldüğü üzere, tenvin ve sâkin nûnlardan sonra İzhâr harflerinden biri gelmiş ve İzhâr olmuşlardır.

İKLÂB

İklâb harfi Be'dir. Tenvin veya Nûn-i sâkinden sonra Be harfi bulunduğu zaman iklâb olur.

İklâb'ın târifi:

Nûn-i sâkin veya tenvinden sonra Be harfi bulunduğu zaman, Nûn-i sâkin ve tenvinin tamamen Mim harfine döndürülüp gunne ile ihfâsına (gizlenmesine) İklâb denir.

Gunne ise, genizden gelen ses demektir. Meselâ:

﴿ سَمِيعٌ بَصِيرٌ(42) ، مِنْ بَعْدِ(43) ، لَيُنْبَذَنَّ(44) ﴾ gibi...

Görüldüğü üzere bu misâllerde, tenvin ve sâkin nûnlardan sonra Be gelmiş ve İklâb olmuştur.

İDGÂM-I MEA'L-GUNNE

İdgam, bir şeyi diğer bir şeye koymak demektir. Gunne de, genizden yani burun boşluğundan gelen sese denir.

İdgâm-ı mea'l-gunne, gunneli idgâm demektir. Buradaki târifi ise, aynı cinsten olan harfleri, birbirine katarak iki defa, yani şeddeli okumaktır.

İdgâm meal gunne harfleri dörttür. Bunlar, ﴿ يَمْنُو ﴾ kelimesinde geçen **Ye, Mim, Nûn, Vav** harfleridir.

Tenvin veya nûn-i sâkinden sonra bu dört harften biri gelirse, İdgâm-ı mea'l-gunne olur. Misâli:

﴿ خَيْرًا يَرَهُ (45) ، فَضْلاً مِنَ اللّٰهِ (46) ، وَمَنْ يَعْمَلْ (47) ﴾ gibi...

Bu misallerdeki tenvin ve sâkin nûnlardan sonra, yukarıdaki dört harften Ye ve Mim harfleri gelmiş ve İdgâm-ı mea'l-gunne olmuştur.

Nûn-i sâkin, Vav yahut Yâ ile aynı kelimede bulunursa İdgam-ı mea'l-gunne olmaz, İzhâr olur. Meselâ:

﴿ بُنْيَانٌ (48) ، قِنْوَانٌ (49) ، صِنْوَانٌ (50) ﴾ gibi...

Tenvin veya nûn-i sâkin idgâm-ı mea'l-gunne harflerinden Mim ile Nûn'a uğradıklarında tam İdgâm olur. Şayet Yâ ile Vav'a uğrarlarsa, yarım idgâm olur. Bu sebeple

﴿ عَنْ مَا ، مِنْ مَا ﴾ lafızlarındaki idgam tam olduğu için

âlimler bu kelimeleri ﴿ عَمَّا مِمَّا ﴾ şeklinde yazmışlardır.

İdgâm-ı mea'l-gunne ve diğer bütün idgâmlarda, İhfâ gibi en fazla bir buçuk harf miktarı durulur.

İDGÂM-I BİLÂ GUNNE

İdgâm-ı bilâ gunne, gunnesiz idgâm demektir. Genizden ses getirmeden şeddeli gibi okunur.

İdgâm bilâ gunne harfleri iki olup, onlar da **Lâm** ve **Râ** harfleridir.

Tenvin veya nûn-i sâkinden sonra bu iki harften biri gelirse idgâm bilâ gunne olur. Meselâ:

﴿غَفُورٌ رَحِيمٌ [51] ، هُدًى لِلْمُتَّقِينَ [52] ، مِنْ رَبِّهِمْ﴾ gibi...

Görüldüğü üzere bu misâllerde tenvin, İdgâm-ı bilâ gunne harflerinden Lâm ve Râ'ya uğramıştır.

İdgâm-ı bilâ gunnede, tenvin veya nûn-i sâkin tamamen Lâm ve Râ harflerine çevrilebilirler; bunun için tam idgâmdır.

İDGÂM-I MİSLEYN

İdgâm-ı misleyn, mahreçleri (çıkış yerleri) **ve sıfatları aynı olan iki harfin birleştirilmesi ve şeddeli okunmasıdır.** Birincisi sâkin, ikincisi harekeli olan aynı cinsten iki harf yan yana geldiği zaman idgâm-ı misleyn olur. Meselâ:

﴿فَمَا رَبِحَتْ تِجَارَتُهُمْ [54] ، اِضْرِبْ بِعَصَاكَ [55] ، آوَوْا وَنَصَرُوا [56]﴾ gibi...

Bu misâllerde aynı cinsten olup bir arada bulunan, Te, Be ve Vav harflerinden birincileri sâkin, ikincileri ise harekelidirler. Böylece İdgâm-ı misleyn olmuşlardır.

İdgâm-ı misleyn'de, nûn-i sâkin ile mim-i sâkin gunneli diğerleri gunnesizdir. Eğer nûn-i sâkin, kendi cinsinden harekeli nûna uğrarsa hem İdgâm-ı misleyn, hem de idgâm-ı mea'l-gunne olur. Meselâ:

﴿ مِنْ نَارٍ (57) ، وَمَنْ نُعَمِّرْهُ (58) ﴾ gibi...

Buralarda, genizden gelen sesle beraber sâkin nûn, harekeli nûna idgâm yapılıp şeddeli olarak okunur. Yani üzerinde fazlaca durulur.

Sâkin Mim'in üç hâli vardır:

a) Sâkin Mim, Mim'e uğrarsa İdgâm-ı misleyn mea'l-gunne olur. Misâli:

﴿ عَلَيْهِمْ مُؤْصَدَةٌ (59) ، اَطْعَمَهُمْ مِنْ جُوعٍ (60) ﴾ gibi...

Nûn-i sâkinde olduğu gibi mîm-i sâkinde de gunne sıfatı bulunduğundan, bunların idgamında gunnenin ortaya çıkması için, diğer harflerin idgamına göre biraz fazla durulur.

b) Sâkin olan Mim, Be'ye uğrarsa İhfâ-yı şefevî olur. Misâl:

﴿ اِنَّ رَبَّهُمْ بِهِمْ (61) ، تَرْمِيهِمْ بِحِجَارَةٍ (62) ﴾ gibi...

Dudak ihfâsında, Be'ye uğrayan Mim'in sükûnu, diğer sükûnlerden yarım veya bir misli fazla uzatılıp dudak üzerinde tutulur.

c) Sâkin Mim, Mim ile Be'den başka harflere uğrarsa İzhâr olur. Meselâ:

﴿ هُمْ فِيهِ (63) ، لَكُمْ دِينُكُمْ (64) ﴾ gibi...

İDGÂM-I MÜTECÂNİSEYN

İdgâm-ı mütecâniseyn; mahreçleri bir, sıfatları (sesleri yani sıfât-ı lâzimeleri) **aynı olan iki harfin idgamlı, yani şeddeli okunmasıdır.** Dolayısıyla mahreçleri aynı, sıfatları ayrı olan harfler yan yana gelirler ve birincisi sakin ikincisi harekeli olursa İdgâm-ı mütecâniseyn olur. İdgâm-ı mütecâniseynde sâkin olan harf, harekeli olan harfin cinsine çevrilir ve şeddeliymiş gibi okunur. Uzatılması ise, İdgâm-ı misleyn gibidir.

İdgâm-ı mütecâniseyn harfleri üç mahreçtir:

1) Tâ ﴿ ط ﴾, Dâl ﴿ د ﴾, Te ﴿ ت ﴾ mahrecidir.

Bu üç harf kendi aralarında idgam olunurlar. Meselâ:

﴿ لَئِنْ بَسَطْتَ (65) ، وَقَالَتْ طَٓائِفَةٌ (66) ، اَثْقَلَتْ دَعَوَاللّٰهَ (67) ، مَا عَبَدْتُمْ (68) ﴾ gibi...

İdgâm olunan harf kalın olduğu zaman, yarım idgâm

yapılır. Misâl: ﴿ اَحَطْتُ (ehattü) ، بَسَطْتَ (besatte), فَرَّطْتُمْ (ferrattüm) ﴾ okunur. Ama Te harfi Dal ve Tı harflerine uğrarsa tam idgâm yapılır.

2) Zâ ﴿ ظ ﴾, Zel ﴿ ذ ﴾ ve Se ﴿ ث ﴾ mahrecidir.

Bu harfler de birbirlerine idgâm olunurlar. Meselâ:

﴿ اِذْ ظَلَمُو (69) ، يَلْهَثْ ذَلِكَ (70) ﴾ gibi...

Bu harflerden Zel harfi Zı harfine tam olarak idgâm olunur. Zel harfinin Se harfine idgâmına Kur'ân-ı Kerim'de misâl yoktur. Se harfinin Zel harfine idgam edilmesinin de tek örneği, yukarıdaki misâlde geçen ﴿ يَلْهَثْ ذَلِكَ ﴾ dir.

3) Be ﴿ ب ﴾ ve Mim ﴿ م ﴾ mahrecidir. Misâli:

﴿ يَا بُنَيَّ ارْكَبْ مَعَنَا (71) ﴾

Be ve mim harflerinin idgam yapılabilmeleri için; Be'nin önce, Mim'in sonra gelmesi lâzımdır. Eğer Mim, Be'den evvel gelecek olursa, İdgâm-ı mütacâniseyn değil, İhfâ-yı şefevî yani dudak ihfâsı olur.

İDGÂM-I MÜTEKÂRİBEYN

İdgâm-ı Mütakâribeyn, mahrecinde veya sıfatında birbirine yakınlığı olan harflerin idgâmıdır. Bunlardan birincisi sâkin, ikincisi de harekeli olarak yan yana geldikleri zaman İdgâm-ı mütekâribeyn olur.

İdgâm-ı mütekâribeyn'de idgâm tamdır. Birinci harf tamamen ikinci harfe çevrilir ve ikinci harf şeddeli gibi okunur.

İdgâm-ı mütakâribeyn harfleri iki grupta toplanır:

1) Lâm, Râ ﴿ل ر﴾ harfleridir. Misâli:

﴿قُلْ رَبِّ (72) ، بَلْ رَفَعَهُ اللّٰهُ (73)﴾ gibi...

Burada, Lâm Râ'da idgâm olunur. Lâm'ın mutlaka Râ'dan önce gelmesi lâzımdır. Eğer Râ, Lâm'dan evvel gelecek olursa idgâm yapılmaz, İzhâr olur. Mesela:

﴿يَغْفِرْلَنَا (74)﴾ gibi...

Ve yine

﴿كَلَّا بَلْ رَانَ (75)﴾ de de idgâm yapılmaz, çünkü kıraat imamımız İmâm-ı Âsım (rh.) burada idgâm değil sekte yapmışlardır. Sekte ise idgâm yapmaya mânidir; bu sebeple İdgâm-ı mütekâribeyn olmaz.

2) Kaf, Kef ﴿ ق ، ك ﴾ harfleridir.

Bu da Kur'ân-ı Kerim'de tek yerde geçer ki, o da Mürselât sûresindeki

(76)

﴿ اَلَمْ نَخْلُقْكُمْ ﴾ kelimesidir.

İDGÂM-I ŞEMSİYYE

Lâm-ı târif ﴿ ا ل ﴾ (Elif Lâm)'den sonra Şemsî harflerden biri geldiği zaman Lâm'ın okunmayıp, ondan sonraki harfin şeddeli okunmasına İdgâm-ı Şemsiyye denir.

Buna İdgâm-ı şemsiyye denilmesini sebebi şudur:

Elif Lâm'ın Lâm'ı aşağıdaki ondört harften birinin evvelinde geldiği zaman kendisi okunmaz. Tıpkı güneş varken yıldızlar görünmediği gibi, burada da idgâm yapılınca Lâm görülmüyor. Onun için bu harflere şemsî (güneşe benzer) harfler deniliyor.

İdgâm-ı Şemsiyye harfleri on dört harf olup şu beytin ilk harfleridir:

﴿ تُبْ ثُمَّ دَعْ ذَنْبًا رَمَى زِدْ سُمْعَةً
شِمْ صَدْرَ ضَيْفٍ طَابَ ظَنٌّ لَهُ نَعَمْ ﴾

Yani şu harflerdir:

﴿ ت ث د ذ ر ز س ش ص ض ط ظ ل ن ﴾

İdgâm-ı şemsiyye'ye misâller:

﴿ اَلتُّرَابُ ، اَلثَّوَابُ ، وَالذَّارِيَاتُ ، وَالشَّمْسُ ﴾ gibi...

Görüldüğü üzere bu misâllerde Lâm-ı târiften sonra Şemsî harflerden biri gelmiş ve Lâm-ı târif, Şemsî harfin cinsine çevrilip bu harf şeddeli olarak okunmuştur.

Lâm-ı tarif Nûn'a uğrarsa, İdgâm-ı şemsiyye mea'l-gunne olur. Meselâ: ﴿ وَالنَّاسِ (77) ، وَالنَّارُ (78) ﴾ kelimelerinde olduğu gibi...

Eğer Lâm-ı târif, Nûn'dan başka harflere uğrarsa, idgâm-ı şemsiyye bilâ gunne (gunnesiz) olur. Misâli:

﴿ وَالشَّمْسِ (79) ، وَالتِّينِ (80) ﴾ gibi...

İdgâm-ı şemsiyyede şemsî harfler şeddeli okunduğu için aynı zamanda İdgâm-ı misleyn olurlar. Bunda da uzatma ölçüsü, diğer idgamlarda olduğu gibi bir buçuk harf miktarıdır.

İZHÂR-I KAMERİYYE

İzhâr-ı kameriyye; Lâm-ı tariften sonra kamerî harflerden biri geldiğinde, Lâm-ı târifin Lâm'ının bu kameri harflere idgâm edilmeden açık bir şekilde okunmasıdır.

İzhâr-ı kameriyye harfleri on dörttür ve şu beyitte toplanmıştır:

﴿ اَبْغِ حَجَّكَ وَ خَفْ عَقِيمَهُ ﴾

Yani,

﴿ ا ب ج ح خ ع غ ف ق ك م و ه ى ﴾ harfleridir.

Lâm-ı târif dediğimiz Elif ve Lâm ﴿ ا ل ﴾ harfleri, yukarıda geçen 14 harften birine uğradığı zaman İzhâr-ı kameriyye olur. Meselâ:

﴿ وَالْعَصْرِ (81) ، وَالْفَجْرِ (82) ، وَالْقَمَرِ (83) ﴾ gibi...

Buna İzhâr-ı kameriyye denilmesinin sebebi; Lâm-ı târifin Lâm-ı, bu on dört harften birinin evveline geldiği zaman okunur. Tıpkı ay varken yıldızlar göründüğü gibi, Lâm da okunmak sûretiyle görünür. Onun için bu harflere Kamerî, yani aya benzeyen harfler denilmiştir.

KALKALE

Kalkale lügatte, hareket etmek ve ızdırap (titreme) mânâlarına gelir. Tecvid ilminde ise, harfin mahrecinin, kuvvetli bir şekilde vurgulu olarak titretilmesi, çalkalanmasıdır. Yani ses, harfin mahrecinde deprendirilerek harfin sesi normalden daha kuvvetli çıkarılır.

Kalkale beş harftir: ﴿ قُطْبُ جَدٍ ﴾ yani ﴿ ب ج د ط ق ﴾ harfleridir.

Bu beş harften biri kelimenin ortasında veya sonunda sâkin olarak bulunursa Kalkale olur. Meselâ:

(86) (85) (84)

﴿ بِالْحَقّ ، اَحَدٌ ، يَدْخُلُونَ ﴾ gibi...

Bu misallerden ikisinde Kalkale harfi, sâkin olan Dal harfidir. Birinde de, şeddeli olan Kaf harfidir. İşte bu harfler üzerinde vakıf yapıldığı (durulduğu) zaman vurguya benzer bir ses meydana geldiği için Kalkale denilir.

Kalkale yapılırken kalkale harfine hareke vermekten, hemze, şedde ve sekteden ve fazla ses çıkarmaktan sakınmak gerekir.

HÜKMÜ'R-RÂ

Hükmü'r-Râ, Râ harfinin hükmü, yani okunuş şekilleri demektir.

Râ harfi beş yerde kalın okunur:

1) Râ harfinin harekesi meftuh (üstün) veya mazmum (ötre) olursa, kalın okunur. Meselâ:

(89) (88) (87)

﴿ نَصْرُاللّٰهِ ، وَالرُّوحُ ، اَلرَّحْمٰنِ الرَّحِيمِ ﴾ gibi...

2) Râ sâkin olup, mâkabli meftuh veya mazmum olursa, yine kalın okunur. Meselâ:

﴿ وَانْحَرْ (90) ، مَنْ شَكَرَ (91) ، بِالنُّذُرِ (92) ﴾ gibi...

3) Râ sâkin, mâkabli de sâkin olursa, mâkablindeki harften önceki harfin harekesine itibar edilir... Eğer bu harf meftuh veya mazmum ise, kalın okunur. Misâli:

﴿ بِالصَّبْرِ (93) ، مِنْ كُلِّ امْرٍ (94) ، فِي الصُّدُورِ (95) ﴾ gibi...

4) Râ sâkin olup mâkablinin esresi ârızî ise, Râ harfi gene kalın okunur. Misâli:

﴿ اِرْجِعِي (96) ، لِمَنِ ارْتَضَى (97) ﴾ gibi...

5) Râ sâkin olup, mâkabli esre ve kendisinden sonra gelen harf de İstî'lâ harfleri denilen, ﴿ خُصَّ ضَغْطٍ قِظْ ﴾ yani; **Hı, Sad, Dat, Gayın, Tı, Kaf, Zı** harflerinden biri olursa, o zaman Râ gene kalın okunur.

Meselâ:

﴿ مِرْصَادًا (98) ، قِرْطَاسٍ (99) ، فِرْقَةٍ (100) ﴾ gibi...

Râ harfi dört yerde de ince okunur:

1) Râ meksûr olursa ince okunur. Misâli: ﴿ بِالْبِرِّ (101) ﴾ gibi...

2) Râ sâkin olup mâkabli meksûr olursa ince okunur.

Misâli: (103) (102)

﴿ وَاسْتَغْفِرْ ، وَاصْطَبِرْ ﴾ gibi...

3) Râ sâkin olup mâkabli de sâkin olursa, mâkablinden evvelki harfin harekesine itibar olunur... Eğer bu harfin harekesi esre ise, Râ yine ince okunur. Misâli:

(105) (104)

﴿ بَصِيرٌ ، قَدِيرٌ ﴾ gibi...

4) Râ sâkin olur mâkablinde de Harfi Lîn'den Yâ bulunursa kezâ ince okunur. Misâli:

(107) (106)

﴿ خَيْرْ ، سَيْرْ ﴾ gibi...

Ayrıca, esreden sonra gelen Râ harfi sâkin olup ondan sonraki harf de esreli bir İstî'lâ harfi ise, bu durumlarda Râ harfi ince ve kalın okunabilir, her ikisi de câizdir. Meselâ:

(108)

﴿ كُلِّ فِرْقٍ ﴾ gibi...

LAFZATULLÂH

Lafzatullâh, Allah lafzı demektir. Burada, Lafzatullâh'ın Lâm'ının okunuş şekilleri anlatılacaktır. Şöyle ki:

Lafzatullâh'ın mâkabli meftuh veya mazmum olursa kalın okunur.

Misâli: (110) (109)

﴿ هُوَاللّٰهُ ، نَصْرُاللّٰهِ ﴾ gibi...

Eğer meksûr olursa ince okunur.

Misâli: ﴿ بِاللّٰهِ (111) ، لِلّٰهِ (112) ﴾ gibi...

ZAMİR

Zamir lügatte, kalbte bir şeyi gizlemeye denir. Tecvid ilminde ise, kelimenin asıl harfi olmayıp kelimelere bitişik olarak yazılan ve müfred müzekker gâib zamiri olan, ﴿ ـه ﴾ : He harfidir. Burada zamirin hangi hallerde med olunup olunmayacağı anlatılmaktadır. Şöyle ki:

a) Zamir'in mâkabli harekeli olursa med olunur, yani çekilir. Meselâ:

﴿ اِنَّهُ ، بِهِ ، لَهُ ﴾ gibi...

Bu misâllerde zamir olan He harflerinden önceki harf harekeli olduğu için, He'ler uzatılarak okunur. Ancak; ﴿ لَمْ يَتَسَنَّهْ (113) ، مَانَفْقَهُ (114) ﴾ kelimelerindeki He'ler med olunmaz. Çünkü buralardaki He'ler, zamir olmayıp kelimenin asıl harflerindendir. Bir de ﴿ يَرْضَهُ ﴾ kelimesinin aslı ﴿ يَرْضَاهُ (115) ﴾ olup mâkabli hükmen sâkin olduğu için uzatılmaz. Çünkü zamirlerin mâkabli sâkin olunca, zamirler çekilmez.

Zamirden sonra sebeb-i medden hemze yoksa, Medd-i tabîî olacağından, zamir, **bir elif miktarı** çekilir. Meselâ:

﴿ إِنَّهُ بِكُلِّ ﴾ gibi... (116)

Eğer var ise, o zaman da Medd-i Munfasıl olur ve dört elif miktarı çekilir. Meselâ:

﴿ مِنْ عِلْمِهِٓ اِلَّا بِمَا شَٓاءَ ﴾ gibi... (117)

Şayet zamirden sonra sebeb-i med sâkin olursa med olunmaz. Meselâ:

﴿ اِنَّهُ الْحَقُّ ﴾ gibi... (118)

b) Eğer zamir'in mâkabli sâkin olursa kısa okunur; çekilmez. Meselâ:

﴿ عَلَيْهِ ، اِلَيْهِ ، فِيهِ ﴾ gibi...

Buralardaki He'lerin mâkablileri sâkin olduğu için uzatılmazlar. Fakat, Fürkan Sûresi 69. âyetteki ﴿ فِيهِۦ مُهَانًا ﴾ kelimesindeki He zamîri, iki sebepten uzatılır:

1) Âyet-i kerîmede, dehşetli bir azap üzerine tenbih ve ikaz vardır.

2) Zamîrin esresinden sonra Mim harfinin ötresine sür'atle geçmekte külfet vardır. He'yi uzatarak okumak, bu güçlüğü kaldırıp kolaylık sağlıyor.

SEKTE

Sekte lûgatte, durmak manasına gelir. Tecvid ilminde ise, sesi kesip nefes almadan bir miktar durmak demektir.

Bizim kırâatimize (kırâat-ı Âsım) göre, Kur'ân-ı Kerim'de dört yerde sekte vardır:

1) Kehf sûresinin 1. ve 2. âyetindeki ﴿عِوَجًا قَيِّمًا﴾ kelimeleridir. Buradaki sekte, ﴿عِوَجًا﴾ ile ﴿قَيِّمًا﴾ kelimeleri arasında ve asıl (geçiş) halindedir. Yapılış şekli: ﴿عِوَجًا﴾ kelimesinde nefes almadan az bir vakit sükût ile sesi keserek, ﴿قَيِّمًا﴾ kelimesine başlamakla olur.

Burada sekte yapılmasının sebebi; ﴿قَيِّمًا﴾ kelimesini açıklamak ve mânânın yanlış anlaşılmasını önleyip, doğru anlaşılmasına yardımcı olmak içindir. Çünkü, geçiş hâlinde Sekte yapılmadığı takdirde, "dosdoğru" mânâsına gelen "**kayyimen**" kelimesinin, eğri-aksak mânâsına olan "ivecen"in sıfatı olduğu zannedilebilir. O zaman da, "dosdoğru, eğri-büğrü" gibi yanlış ve karışık bir mânâ ortaya çıkar. İşte, Sekte ile bu karışıklık önlenmiş olur. Ayrıca âyet sonu olması sebebiyle burada Sekte yapmak câiz ise de vakıf yapmak daha münâsiptir.

2) Yâsîn sûresinin 52'nci âyet-i kerimesindeki ﴿مِنْ مَرْقَدِنَا هٰذَا﴾ kelimelerindedir. Burada da Sekte, ﴿مِنْ مَرْقَدِنَا﴾ ile ﴿هٰذَا﴾ kelimeleri arasındadır. Yukarıda

târif edildiği gibi burada da sekte, ﴿مِنْ مَرْقَدِنَا﴾ de nefes nefes almaksızın sesimizi kısa bir müddet tuttuktan sonra ikinci kelimeye devam etmekle olur.

Bu âyet-i kerimede Sekte yapılmasının sebebi ise; iki kelime arasındaki mânâyı birbirine karıştırmamak içindir. Çünkü, birinci kelimede kabir ehlinin sözleri bitiyor, ikinci kelimede ise Melâike-i Kirâmın sözleri başlıyor. Sekte yapılmak sûretiyle bunlar, birbirlerinden ayrılmış oluyor. İşte burada, yani ﴿مِنْ مَرْقَدِنَا﴾ de durak olduğu için durulacak olursa, sekte değil med yapılarak durulur.

3) Kıyâme sûresinin 27'nci âyet-i kerimesindeki ﴿وَقِيلَ مَنْ رَاقٍ﴾ kelimeleridir. Burada da, ﴿وَقِيلَ مَنْ﴾ kelimesinin Nûn'u üzerinde Sekte yapılıp ﴿رَاقٍ﴾ kelimesinden devam edilir.

Buradaki Sekte'nin sebebi ise; "**Men**" ve "**Râkın**" kelimelerinin tek kelime olmayıp ayrı ayrı kelimeler olduğunu açıklamak içindir. Zira burada Sekte yapmamış olsak, Nûn-i sâkinden sonra Râ harfi geldiğinden, İdğâm bilâ gunne olması gerekir. O zaman da âyetin mânâsı ile hiç alâkası olmayan ve çorbacı demek olan "Merrâkın" kelimesi ortaya çıkar. İşte, idgâma mâni olmak ve bu karışıklığa meydan vermemek için sekte yapıyoruz.

4) Mutaffifîn sûresinin 14'üncü âyet-i kerimesindeki

﴿ كَلَّا بَلْ رَانَ ﴾ kelimeleridir. "Bel" kelimesinde Sekte yapıp "Râne" kelimesi ile devam edilir.

Yine burada da Sekte'nin sebebi; "**Bel**" ve "**Râne**"nin iki ayrı kelime olduklarını açıklamak içindir. Çünkü, burada Sekte yapılmaması hâlinde, "Bel" kelimesinin Lâm'ı ile "Râne" kelimesinin Râ'sı İdgâm-ı mütekâribeyn olur. Bu durumda okunuş şekli de, küpçü mânâsına gelen "Berrâne" olur. İşte bu karışıklık Sekte ile ortadan kaldırılmış olur.

Kur'ân-ı Kerim'de bunlardan başka yedi yerde daha Sekte yapılır ve onlara Hâ-i sekte denilir. Hâ-i Sekte, sâkin olup üzerlerinde durulan He harfleridir. Bunlar;

﴿ لَمْ يَتَسَنَّهْ (119)، اِقْتَدِهْ (120)، كِتَابِيَهْ (121)، مَالِيَهْ (122)، حِسَابِيَهْ (123)

سُلْطَانِيَهْ (124)، وَمَآ اَدْرَاكَ مَا هِيَهْ (125) ﴾

kelimeleridir. He'yi okuyan kurrâlara göre, bu kelimelerde durulmayıp geçildiği takdirde sekte yapılır... Çünkü bunların sükûnları sükûn-i lâzımdır. Sükûn-i lâzımı belirtmek için sekte yapmak icâbeder. Kıraat imâmımız Âsım rahimehullah bütün geçiş hallerinde He'yi okumuşlardır. Bazıları ise, ﴿ كِتَابِيَهْ ﴾ ve ﴿ حِسَابِيَهْ ﴾ lafızlarından başka kelimelerde He harfini okumamışlar; dolayısıyla sekte yapmamışlardır. Ama vakıf hâlinde Hâ-i sekte'lerin yapılması şarttır; çünkü, bütün imamlar böyle yapmışlardır.

DİPNOTLAR

1. Neml sûresi, âyet: 16-42
2. Tâhâ sûresi, âyet: 1
3. Yûsuf sûresi, âyet: 1
4. Şuarâ sûresi, âyet: 1
5. Bakara sûresi, âyet: 21;
6. Mâide sûresi, âyet: 28;
   Şuarâ sûresi, âyet: 12
7. Nûr sûresi, âyet: 31
8. Hümeze sûresi, âyet: 3
9. Bakara sûresi, âyet: 255
10. Mutaffifîn sûresi, âyet: 12
11. Bakara sûresi, âyet: 255
12. Fâtiha sûresi, âyet: 7
13. Haakka sûresi, âyet: 1
14. Zümer sûresi, âyet: 64
15. Yûnus sûresi, âyet: 91
16. Şuarâ sûresi, âyet: 1;
    Kasas sûresi, âyet: 1
17. Arâf sûresi, âyet: 1
18. Bakara sûresi, âyet: 1
19. Şûrâ sûresi, âyet: 1
20. Yâsîn sûresi, âyet: 26
21. Fâtiha sûresi, âyet: 4
22. Fâtiha sûresi, âyet: 5
23. Kureyş sûresi, âyet: 2
24. Bakara sûresi, âyet: 37
25. Kureyş sûresi, âyet: 4
26. Bakara sûresi, âyet: 255
27. Meryem sûresi, âyet: 1
28. Şûrâ sûresi, âyet: 1
29. Şûrâ sûresi, âyet: 2
30. Yâsin sûresi, âyet: 4
31. Nisâ sûresi, âyet: 16
32. İbrâhim sûresi, âyet: 5
33. Bakara sûresi, âyet: 7
34. Âdiyât sûresi, âyet: 11
35. Neml sûresi, âyet: 40
36. Saff sûresi, âyet: 13
37. Mâun sûresi, âyet: 5
38. Âl-i İmrân sûresi, âyet: 195
39. Bakara sûresi, âyet: 225
40. Bakara sûresi, âyet: 62
41. Kureyş sûresi, âyet: 4
42. Hac sûresi, âyet: 61
43. Bakara sûresi, âyet: 27
44. Hümeze sûresi, âyet: 4
45. Zilzâl sûresi, âyet: 7
46. Fetih sûresi, âyet: 29
47. Zilzâl sûresi, âyet: 9
48. Saf sûresi, âyet: 4
49. En'am sûresi, âyet: 99
50. Râd sûresi, âyet: 4
51. Bakara sûresi, âyet: 173
52. Bakara sûresi, âyet: 2-5
53. Bakara sûresi, âyet: 5
54. Bakara sûresi, âyet: 16;
55. Â'raf sûresi, âyet: 160
56. Enfâl sûresi, âyet: 72-74
57. Â'raf sûresi, âyet: 12
58. Yâsîn sûresi, âyet: 68
59. Hümeze sûresi, âyet: 8
60. Kureyş sûresi, âyet: 4
61. Âdiyât sûresi, âyet: 11
62. Fîl sûresi, âyet: 4

63. Â'raf sûresi, âyet: 139
64. Kâfirûn sûresi, âyet: 6
65. Mâide Sûresi, âyet: 28
66. Âli İmrân sûresi, âyet: 72
67. Â'raf sûresi, âyet: 189
68. Kâfirûn sûresi, âyet: 4
69. Nisâ sûresi, âyet: 64
70. Â'raf sûresi, âyet: 176
71. Hûd sûresi. âyet: 42
72. İsrâ sûresi, âyet: 24
73. Nisâ sûresi, âyet: 158
74. Â'raf sûresi, âyet: 149
75. Mutaffifîn sûresi, âyet: 14
76. Mürselât sûresi, âyet: 20
77. Bakara sûresi, âyet: 161
78. Muhammed sûresi, âyet: 12
79. Şems sûresi, âyet: 1
80. Tîn sûresi, âyet: 1
81. Asr sûresi, âyet: 1
82. Fecr sûresi, âyet: 1
83. Şems sûresi, âyet: 1
84. Nasr sûresi, âyet: 1
85. İhlas sûresi, âyet: 1
86. Bakara sûresi, âyet: 1
87. Fâtiha sûresi, âyet: 2
88. Meâric sûresi, âyet: 4
89. Nasr sûresi, âyet: 1
90. Kevser sûresi, âyet: 2
91. Neml sûresi, âyet: 40
92. Kamer sûresi, âyet: 23
93. Bakara sûresi, âyet: 45
94. Kadr sûresi, âyet: 4
95. Hacc sûresi, âyet: 46
96. Fecr sûresi, âyet: 20
97. Enbiyâ sûresi, âyet: 28
98. Nebe' sûresi, âyet: 21
99. En'âm sûresi, âyet: 7
100. Tevbe sûresi, âyet: 122
101. Bakara sûresi, âyet: 44-177-189
102. Âl-i İmrân sûresi, âyet: 159
103. Meryem sûresi, âyet: 65
104. Bakara sûresi, âyet: 110
105. Bakara sûresi, âyet: 20
106. Bakara sûresi, âyet: 103
107. Sebe' sûresi, âyet: 18
108. Şuarâ sûresi, âyet: 63
109. Haşr sûresi, âyet: 22
110. Nasr sûresi, âyet: 1
111. Fâtiha sûresi, âyet: 2
112. Bakara sûresi, âyet: 8
113. Alak sûresi, âyet: 15
114. Hûd sûresi, âyet: 91
115. Zümer sûresi, âyet: 7
116. Fussilet sûresi, âyet: 54
117. Bakara sûresi, âyet: 255
118. Bakara sûresi, âyet: 26
119. Bakara sûresi, âyet: 259
120. Enâm sûresi, âyet: 90
121. Haakka sûresi, âyet: 19-25
122. Haakka sûresi, âyet: 28
123. Haakka sûresi, âyet: 20
124. Haakka sûresi, âyet: 29
125. Kaaria sûresi, âyet: 10

معلوم اوله که اکثر اشخاصك دیشلری اوتوز ایکی
اولدیغی اجلدن بو تصویرده اوتوز ایکی دیش اوزرینه
ترتیب اولنمشدر ❀ اما بو دیشلرك اون آلتیسی اوست
چکه ده و اون آلتیسی آلت چکه ده در اوست چکه ده
اولان دیشلرك اوك دیشلرینه ثنیه دیرلر جمعی
ثنایا کلور ❀ بو ثنیه لرك آردنده واقع اولان
دیشلره رباعیه دیرلر جمعی رباعیات کلور
بو رباعیه لرك آردنده واقع اولان سوری دیشلره
ناب دیرلر جمعی انیاب کلور ❀ بو نابلرك آردنده
واقع مجموع دیشلره ضرس دیرلر جمعی اضراس کلور ❀
بو ضرسلردن نابلرك آردنده واقع اولان دیشلره
ضاحك دیرلر جمعی ضواحك کلور ❀ بو ضاحکلرك
آردنده واقع اولان آلتی دیشه طاحن دیرلر جمعی
طواحن کلور بو طاحنلرك آردنده واقع
اولان دیشلره ناجذ دیرلر جمعی نواجذ کلور
آلت چکه ده اولان دیشلرك اسملری و ترتیبلری
دخی بویله در فافهم

معلومدر اوله که جمیع
مخارج تشبث اعضا ایچوندر
بری محقق مد ایچون فرض
اولنان بوغاز ایله اغیز بوشلغیدر
وبری حلقدر بونلر تصویر ایدلدی
زنبیل وزره اوچ مخرج
محقق واردر وبری لساندر
بونلر دخی تصویر ایدلمک
زنبیل وزره اون مخرج محقق

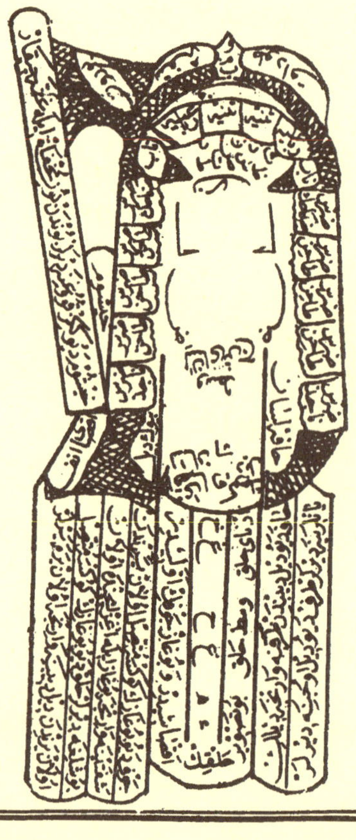

واردر وبری شفه‌در بونلر
دخی تصویر اولندی زنبیل اوزره
ایکی مخرج محقق واردر وبری
نون مخفاة ایچون فرض
اولنان خیشومدر

قره باش تجويدی

بسم الله الرحمن الرحيم

الله تعالى يه حمد وثنادن و رسولنه و دخی آلنه
واصحابنه صلاة و سلامدنصكره معلوم اوله كه حرف
مد اوچدر ❊ واو يا الف ❊ اما واوه زمان حرف مد اولور
واو ساكن اولسه ما قبلی مضموم اولسه اول زمان حرف مد
اولور ❊ اما يايه زمان حرف مد اولور ❊ يا ساكن اولسه ما
قبلی مكسور اولسه اول زمان حرف مد اولور ❊ اما الف ايسه
دائما ساكن اولوب ما قبلی مفتوح اولمغله جميع زماندن
حرف مد اولور (اوتينا) كبی ❊ و دخی سبب مد ايكيدر
(همزه ❊ سكون) اما همزه حركه سی اولان الفه ديرلر ❊
اما سكون ديمك يعنی حركه سی اولميان حرفه ديمكدر ❊

باب مد طبيعی

يعنى حرف مد اولوب سبب مد اولمسه اول زمان

٤
تجويد لغتده بر نسنه‌يی گوزل
ايتمك و هو تحسينه ياپمق معناسنه‌در
اصطلاحده وهو اعطاء
الحروف حقها من كل صفة
ومستحقها اورده كل واحد
لاصله‌در حقهادن مقصد
صفت لازمه‌در مستحقهادن
مقصد صفت عارضه‌در

لاصله‌دن مقصد مخرجدر وافهم
معلوم اوله كه مخارج حروف
اون بيديدر اولكی مخرج جوفدر
يعنی بوغاز ايله آغز ايچنده
اولان بوشلقدر بوندن
حروف مد چيقار ايكنجی مخرج
بوغاز ديبيدركه گوكسه متصل
اولان يردر بوندن اولا
همزه صكره سندن ها
چيقار اوچنجی مخرج بوغاز
اورته سيدر بوندن اولا
عين صكره سندن حا چيقار
دردنجی مخرج بوغازك اوليدركه
آغزه يقين اولان يردر
بوندن اولا غين

مَدِّ طَبِيعِي اولور مثالى تَوّابًا * اَبَدًا * طٰهٰ * الف لام را ايلك
راسى وحا ميمك حاسى كبى * امّا بونك مرتبه سى
بر الف مقدارى مدّ اولنمقدر * بر الف مقدارى
ديمك يعنى بر پارمق قالديرمجق قدر ديمكدر *

باب مدّ متصل

قچن حرف مدّدن صكره سبب مدّ همزه اولوب ايكيسى
بر كلمه ده واقع اولسه مدّ متصل اولور مثالى اِذا جاءَ
اُولٰئِكَ جِيءَ سُوءَ كبى * مدّ متصلك مدّى واجبدر متفق
عليه اولديغيچون متفق عليه ديمك يعنى جميع
قرّا مدّ ايتديلر على مراتبهم قصر ايتمديلر ديمكدر * امّا
بونك مرتبه سى قراءت عاصم وروايت حفص اوزره
درت الف مقدارى مدّ اولنمقدر *

باب مدّ منفصل

قچن حرف مدّدن صكره سبب مدّ همزه اولوب بشقه
بشقه كلمه ده واقع اولسه مدّ منفصل اولور مثالى
يا اَيُّهَا اِنّى اَخافُ تُوبُوا اِلَى اللّٰهِ كبى * ودخى حرف مدّ كاه
واو مقدّره اولور مثالى اَنَّ مالَهُ اَخْلَدَهُ عِنْدَهُ اِلّا بِاِذْنِهِ كبى *

صكره شيندن ثا چيقار
تنبيجى مخرج بيوك ديل
ديبيله اوستيله آرالك
قارشوسى اوست طماقدر
بوندن قاف چيقار التنجى
مخرج قاف مخرجى كبيدر
الكنا اندن بر پارمق مقدارى
آشاغيدر بوندن كاف
چيقار يدنجى مخرج بيوك
ديلك اورته سيله برابرى
اوست طماقدر بوندن ترتيب
اوزره جيم شين يا چيقار
سكزنجى مخرج يا مخرجنك
مابعدى حكزى برابرى اولان
صولدن يا صاغدن ديل ايله
آزى قارشوسى اولان اوست
ديشلردركه آزى ديشلرك
آردنده كى ديشه طقنمه
بوندن ضاد چيقار طقوزنجى
مخرج بو دخى صاغدن
وصولدن ضاد مخرجنك
نهايتندن ديل اوجنه
وارنجه اولان يانى
ايله آزى قارشوسى اولان
اوست طماقدركه صاحكلر
وتاز ورباعيه وثنيه
ديشلرينك اوستيانى
ارهيدر بوندن لام چيقار
اونجى مخرج ديل اوجيله
قارشوسنده ايكى اوست

وَكَاهْ يَاءِ مُقَدَّرَه اولور مثالى وَمَا يُكَذِّبُ بِهِ اِلَّا مَنْ عَلِمَهُ
اِلَّا بِمَا شَاءَ كبى ۞ مدِّ منفصلك مدّى جائزدر مختلفٌ فيه
اولديغيچون مختلفٌ فيه ديمك يعنى بعض قرّا مدّ
ايتديلر وبعض قرّا قصر ايتديلر ديمكدر ۞ وبونك
مرتبه سى دخى قرائتِ عاصم وروايتِ حفص
اوزره درت الف مقدارى مدّ اولنمقدر ۞

بابُ مدِّ لازم

فقط حرفِ مدّدن صكره سببِ مدّ سكونِ لازم واقع
اولسه مدِّ لازم اولور ۞ سكونِ لازمه نيه ديرلر وقفاً
ووصلاً ثابت اولان سكونه ديرلر ۞ ودخى بو مدِّ لازم درت
درلودر بری مدِّ لازم كلمهٔ مثقّله در مثالى وَلَا الضَّآلِّينَ
اَلْحَآقَّةُ تَأْمُرُونِّى كبى ۞ وبرى مدِّ لازم كلمهٔ مخفّفه در مثالى
آلْآنَ كبى ۞ وبرى مدِّ لازم حرفِ مثقّله در مثالى الف لام
ميمك لامى والف لام ميم صادك لامى وطا سين ميمك
سينى كبى ۞ وبرى مدِّ لازم حرفِ مخفّفه در مثالى الف لام
ميمك ميمى والف لام ميم صادك ميمى وصادى والف
لام رانك لامى وحاميمك ميمى كبى ۞ مدِّ لازمك مدّى

٦ وسنیجکری اولان ظا قیدز اوست اوله دیشلرن قارشوسنی اولان ایکی آرمغنده آزاز دی بسمله مخرج دیلك غایت اوجو اوزنجیغاز اوزون ریجو بوندن اخفا اولنه لر اوله دیشلره اتکلریدز

بوندن برا جیغاز اوزایجی مخرج بو ثنیت اوزره دیر اوجیله ایکی اوست اون دیشلرك نصفلرندن یوقا رویشندز که یا الثلثه و ذال المعجمه در المثلثه غایت یعنی اولان بوندن طا جیغاز آزاجق

آشاغیسندن دال جیغاز نصفلرینه یقین اولان بوندن تاجیغاز اون اوجندن مخرج زینب اوزره دیلك اینجه اوجیله ایکی آلت اوك دیشلرك نصف آغلاولوبدر نصفلرینه یقین اولاندر بوندن صاد جیغاز

دخی بوقاروسندن سین جیغاز اشاغیدن زاجیغاز اوك دیشلرك اثنلری وسنا اوك دیشلرك نصفلری طرفنده اولان نصفلرینه یقین اولان صادی معضندن صاد دخی اثنلرینه یقین اولان بر لیلدن سین تمام

٧

وَاجِبْدِرْ مُتَّفَقٌ عَلَيْهِ اُولْدِيغِيچُونْ * وَبُونُكْ مَرْتَبَه سِى
جَمِيعِ قُرَّا قَتِنْدَه دُرْتْ اَلِفْ مِقْدَارِى مَدْ اُولُنْمَقْدِرْ *

بَابُ مَدِّ عَارِضْ

قَچَنْ حَرْفِ مَدْدَنْ صُكْرَه سَبَبِ مَدْ سُكُونِ عَارِضْ وَاقِعْ
اُولُسَه مَدِّ عَارِضْ اُولُورْ * سُكُونِ عَارِضْ نَيَه دِيرْلَرْ وَقْفًا
ثَابِتْ وَصْلًا سَاقِطْ اُولَانْ سُكُونَه دِيرْلَرْ مِثَالِى يَعْلَمُونَ *
يَوْمِ الدِّينِ * نَسْتَعِينُ * كِبِى * مَدِّ عَارِضِكْ مَدِّى جَائِزْدِرْ
مُخْتَلَفٌ فِيهِ اُولْدِيغِيچُونْ * وَاَمَّا بُونُكْ مَرْتَبَه سِى اُولْدِرْكِه
قَچَنْ اٰخِرِى مَفْتُوحْ اُولُسَه اُوچْ وَجْه جَائِزْ اُولُورْ طُولْ
تَوَسُّطْ قَصْرْ * وَاَكَرْ مَكْسُورْ اُولُسَه دُرْتْ وَجْه جَائِزْ اُولُورْ
طُولْ تَوَسُّطْ قَصْرْ بِرْدَه رَوْمْ * وَاَكَرْ مَضْمُومْ اُولُسَه
يَدِى وَجْه جَائِزْ اُولُورْ طُولْ تَوَسُّطْ قَصْرْ طُولْ اِيلَه اِشْمَامْ
تَوَسُّطْ اِيلَه اِشْمَامْ قَصْرْ اِيلَه اِشْمَامْ بِرْدَه رَوْمْ * وَدَخِى
رَوْمْ نَيَه دِيرْلَرْ كِيزْلِى آوَازْ اِيلَه حَرَكَه يِى طَلَبْ اِيتْمَكَه دِيرْلَرْ
تَعْرِيفِى * اَلرَّوْمُ طَلَبُ الْحَرَكَةِ بِصَوْتٍ خَفِىٍّ * وَدَخِى
اِشْمَامْ نَيَه دِيرْلَرْ سُكُونْدَنْ صُكْرَه طُودَاقْلَرِينْ يُومْمَغَه
دِيرْلَرْ تَعْرِيفِى * اَلْاِشْمَامُ اِنْضِمَامُ الشَّفَتَيْنِ بَعْدَ السُّكُونِ *

يا باشلرندن ذال چيقار
اون دردنجى مخرج
ثنيه اوزره ديلڭ
اوجندن مقابلى يوقارى بوزلبه
اوست ديشلرڭ باشلرندن
ديلڭ غايت اوجندن
ارقه سندن ظا چيقار
آز اچغى آردندن ذال چيقار
آنڭ آزلغى آردندن تا چيقار
بونلرڭ كليسى ديل اوجندن
لثه يه جمعنه شبليه دير
اون تشنجى مخرج ايكى اوست
اوڭ ديشلرڭ باشلريله الت
طوداغڭ ايچندر بوندن فا
چيقار اون التنجى مخرج ايكى
طوداقلر آراسيدر بوندن برين
اوزره طوداقلرڭ ايچلرندن بربرينه
قوتيجق قاتمقله با چيقار وميمكه
بِمنده ايچلرندن برينه طوقنمغله اوجلرينه
يقين برلرى برينه ضعيف
قاتمقله ميم چيقار دخى
زياده اوجلرينه يقين اولان
يرى بيربرينه قاتمقله واو چيقار
ضم اولنمقله واو چيقار
اوزره طوداغڭ
اطرافى تونن اوزره
واوزره ميم چيقار
اون يدنجى مخرج
خيشوم يعنى برون ديمكدر
ايچيدر بوندن
قوى غنه ايله
نون تنوين
مخفاة ايله

غنّة چیقار فافهم.
معلوم اوله كه صفات
حروفڭ ایكی قسمدر بری
صفات لازمه در بونده
تا ابدا آموز ومشهور
اولنلری اون سكزدر
بری جهردر جهر دیو
حرفنڭ كه ابله نطق
اولنده قلّه مخرجنده آزالور
فالنوب نفسك كلبسی ویا
آكر تیبی جنبش اولور
صوتی آشكار اولسنه
دیرلر حرفلری بونلردر ظلّ
قوّ ربض اذ غزا جند
مطیع وبری همسدر

بابُ مدِّ لین

قچن حرفِ لینِ دن صکره سببِ مدّ سكونُ واقع اولسه مدِّ لینِ اولور * امّا حرفِ لین نیه دیرلر واو یا ساكن اولسه ماقبللری مفتوح اولسه آكا دیرلر مثالی وَالصَّيْفِ * عَلَيْهِ * مِنْ خَوْفٍ * وَلَا نَوْمٌ * كبی * مدِّ لینك مدّی جائزدر مختلفٌ فیه اولدیغیچون * وامّا بونڭ مرتبه سی اولدر كه قچن بونده سببِ مدّ سكونِ لازم اولسه ایكی وجه جائز اولور طول توسّط مثالی كٓهٰيٰعٓصٓ وَحٰمٓ عٓسٓقٓ قولِ شریفلرنده واقع اولان عین لفظی كبی * واكر سكونِ عارض اولسه مدّ عارض كبیدر كه اوچ یا درت یا ایكی وجه جائز اولور مثالی مقدّم ذكر اولنان مثاللر كبی *

بابُ تنوین ونونِ ساكن

تنوین ایكی اوستونه وایكی اسره یه وایكی اوتره یه دیرلر وامّا نونِ ساكن جزملی نونه دیرلر *

بابُ اخفا

حرفِ اخفا اون بش حرفدر كه بو بیتك اوّلكی حرفلریدر * (صِفْ ذَا ثَنَا جُودَ شَخْصٍ قَدْ سَمَا كَرَمًا * ضَعْ ظَالِمًا زِدْ تُقًى دُمْ

همس دیو حرفه كه ابله
نطق اولنده قلّه مخرجنده
آزالور فالوب نفسك جاری
اولسنه دیرلر حرفلری بونلردر
فحثه شخص سكت ومما
وبری شدتدر
ضنان
شدت دیو حرفه اسكانن
ابله نطق اولنده قلّه صوت
آقمامغه دیرلر
حرفلری بونلردر اجد قط
بكت وبری رخاوتدر
دیو حرفه اسكانن ابله
نطق اولنده قلّه صوت
آقماسنه دیرلر
حرفلری بونلردر

طالباً فتری ❁ پس تنوین و یا نون ساکن بو اون بش حرفدن
برینه اوغراسه اخفا اولور مثالی غنیٌّ کریمٌ وفتحٌ قریبٌ
عن صلاتهم کبی ❁ تعریفی الاخفاءُ حالةٌ بین الاظهار
والادغام عاریةٌ عن التشدید مع بقاء الغنة ❁

باب اظهار

حرف اظهار آلتی حرفدر که بو اسماء شریفه لرک اوّلکی
حرفلریدر الله حیٌّ خالقٌ عدلٌ غنیٌّ هادیاً ❁ پس
تنوین و یا نون ساکن بو آلتی حرفدن برینه اوغراسه
اظهار اولور مثالی غفورٌ حلیمٌ من آمن من خوفٍ کبی ❁
تعریفی الاظهار هو الانفصال تباعداً بین الحرفین ❁

باب اقلاب

حرف اقلاب بادر پس تنوین و یا نون ساکن بایه
اوغراسه اقلاب اولور مثالی سمیعٌ بصیرٌ من بعد لینبذن
کبی ❁ تعریفی الاقلاب هو قلب النون الساکنة
او التنوین میماً خالصاً واخفاؤها عند الباء بغنة ❁
و دخی غنه نیه دیرلر گگزدن گلن صوته دیرلر
تعریفی هی صوتٌ یخرج عن الخیشوم ❁

باب ادغام مع الغنه

ادغام مع الغنه درت حرفده در كه (يمنو) حرفلريدر قچن تنوين ويا نون ساكن بو درت حرفدن برينه اوغراسه ادغام مع الغنه اولور مثالی خيرا يره فضلا من الله ومن يعمل كبی ۞ اما نون ساكن ايله واو ويا خود يا بر كلمه ده واقع اولسه اول زمان اظهار اولور مثالی بنيان قنوان صنوان كبی ۞

باب ادغام بلا غنه

ادغام بلا غنه حرفلری ايكی حرفدر كه (لر) حرفلريدر قچن تنوين ويا نون ساكن بو ايكی حرفدن برينه اوغراسه ادغام بلا غنه اولور مثالی غفور رحيم هدی للمتقين من ربهم كبی ۞

باب ادغام مثلين

ادغام مثلين شول حرفدر كه ساكن اولوب ينه كندی مثلنه اوغراسه ادغام مثلين اولور مثالی فما ربحت تجارتهم اذ اضرب بعصاك اووا ونصروا كبی ۞ تعريفی ما اتحدا مخرجا وصفة ۞ اما نون ساكن نونه اوغراسه هم ادغام مثلين وهم ادغام مع الغنه اولور مثالی من نار ومن نعمة كبی ۞ اما ميم ساكنك اوغ

حاصل اولان صوت زائده
قوی نجه حرفلردر قلقله ساكنه
مخصوصدر وبرده
قطب جد حرفلريدر وبرده
صفيردر صفيردن نوع حرفلری
ايشلنه بنيه اولنسه
ديرلر حس حرفلری صاد
سين زای در وبرده

حالی وار در میم ساكن میمه اوغراسه ادغام مثلین
مع الغنه اولور مثالی علیهم مؤصدة اطعمهم
من جوع كبی * میم ساكن بایه اوغراسه اخفا
اولور مثالی ان ربهم بهم ترمیهم بحجارة كبی *
میم ساكن میم ایله بادن غیری حروفه اوغراسه
اظهار اولور مثالی هم فیه لكم دینكم كبی *

باب ادغام متجانسین

قچن مخرجلری بر اولوب صفتلری بشقه اولان حرفلر
بر برینه اوغراسه ادغام متجانسین اولور * اما بونك
حرفلری اوچ مخرجده در بری طا دال تا مخرجیدر مثالی
لئن بسطت وقالت طائفة اثقلت دعوا الله ما عبدتم
كبی * وبری ظا ذال ثا مخرجیدر مثالی اذ ظلموا یلهث
ذلك كبی * وبری با میم مخرجیدر مثالی یا بنی اركب معنا
كبی * تعریفی ما اتحد مخرجا واختلفا صفة *

باب ادغام متقاربین

قچن مخرجده ویا صفتده یقینلغی اولان حرفلر بر برینه
اوغراسه ادغام متقاربین اولور اما بونك حرفلری

" مخرجنك اولندن آخرینه
وارنجه ممتد اولوب
مجلسنه دیرلر وبری
غنه در غنه ربو صفدن
عبارتدر كه كلسنه دیرلر
صفتدر غنه میم ایله
نونك حرفنه مخصوصدر
وبری دخی صفت
وبر فنسی اون بر
عارضه در بوده اون بر
در بیری تفخیمدر
تفخیم دیمك بر حرفی قالین
اوقومغه دیرلر تفخیم
حرفلری اون بیردر
استعلا حرفلریله قالین
اوقونور شد ال انطقی

مستجمع لام وراء ایله الف واو ومدیه
در حروف استعلا وتجیز
وایجلنده وبری ترقیقدر ترقیق
حرفی اینجه اوقومغه دیرلر حروف
اخفا ضمنه وتفخیم ال انطقی مستجمع
اولان لام وراء والف وواو ن
ما عدا سنده ترقیق واجبدر

وبری ادغامدر تعریفی ادخال الحرف
الحرفین المثلین او المتجانسین
او المتقاربین فی الآخر در
وبری اخفادر تعریفی حالة
بین الادغام والاظهار در
فلا تشدید بتعریفه در وبری
اظهار در تعریفی
الا یفصل الا بتا علا بر

ایکی مخرجده در ❊ بری لام را مخرجیدر مثالی
قل رب بل رفعه الله کبی ❊ وبری قاف کاف مخرجیدر
مثالی الم نخلقکم کبی ❊ تعریفی ما تقاربا مخرجا او صفة ❊

باب ادغام شمسیه

ادغام شمسیه حرفلری اون درت حرفدر که بو بیتك اوّلکی
حرفلریدر ❊ تب ثم دع ذنبا رمی زد سمعة ❊ شم صد ضیف
طاب ظن له نعم ❊ قچن الف لامکه اکا لام تعریف
دیرلر بو اون درت حرفدن برینه اوغراسه ادغام شمسیه
اولور ❊ اما نونه اوغرادقده ادغام شمسیه مع الغنه
اولور باقیسنه اوغرادقده ادغام شمسیه بلا غنه
اولور ❊ مثالی والناس والشمس والتین کبی ❊

باب اظهار قمریه

اظهار قمریه حرفلری اون درت حرفدر که ابغ حجك
وخف عقیمه حرفلریدر قچن لام تعریف بو اون درت
حرفدن برینه اوغراسه اظهار قمریه اولور
مثالی والعصر والفجر والقمر کبی ❊

باب قلقله

حرف قلقله بش حرفدر كه قطب جد حرفلريدر فجن
بو بش حرفدن بري كلمه نك اورته سنده ويا آخرنده
ساكن اولسه قلقله اولور مثالي يدخلون احدا بالحق كبي
القلقلة لغة التحرك والاضطراب * وفي الاصطلاح
تقلقل المخرج حتى يسمع له نبرة قوية *

باب حكم الراء

فجن را مفتوح ويا مضموم اولسه قالين اوقنور مثالي
الرحمن الرحيم والروح نصر الله كبي * واكر مكسور
اولسه اينجه اوقنور مثالي بالبر كبي * ودخي را ساكن
اولوب ما قبلي مفتوح ويا مضموم اولسه قالين اوقنور
مثالي وانحر من شكره بالنذر كبي * ودخي را ساكن اولوب
ما قبلي مكسور اولسه اينجه اوقنور مثالي واستغفره
واصطبر كبي * اما بو صورت اخيره ده رانك ما بعدنده
حروف استعلادن بري واقع اولسه اولزمان قالين
اوقنور حروف استعلا يدي حرفدر كه خص ضغط قظ
حرفلريدر مثالي مرصادا وقرطاس وفرقة كبي * اما حروف
استعلا مكسور اولسه اولزمان اينجه وقالين اوقنمق

تمام ثلاث اولسه منه متصل عين
الفظ كبي بلا روم وقفده
بيننده تفخيم وترقيق
تمامنده در
ارشكيجي برك
اما حكم اللام فجن لفظه
الله نك ما قبلي مفتوح غير
مثال ويا مضموم اولسه
لام مبني تفخيم واجبدر
مثال اولورسه تفخيم
مفتوح مثال اولور ما قبلي
وترقيق جائزدر واكر
مكسور اولسه ترقيق واجبدر

اشكيجي برك
معلوم اوله كه ضميرك
ما بعدي ساكن اولورسه
ضميرك ما قبلي كسرك

متحرك اولنور صاديه
السموات كبي
اولنور فأذ رد الاية
عاهد عليه الله كبي وبي
فمن [illegible]
ودخي مجمور
العلون مد اولنان
كرده ساكن
ودخي مجهوره اوزر
كراده سكون
مجمله وكراده
روم ايله وقف اولنور
بجميع مواضعنده جمله
كرده اولنور كه
المنة والحمد لله

جَآئِزْ اُولُورْ مِثَالِى كُلُّ فِرْقٍ كِبى ❁ وَدَخِى رَاسَاكِنْ اُولُوبْ
مَاقَبْلِنِكْ كَسْرَه سى عَارِضْ اُولْسَه اُولْزَمَانْ بِنَه قَالِينْ اُوقُنُورْ
مِثَالِى اِرْجِعِى لِمَنِ ارْتَضٰى كِبى ❁ وَدَخِى رَاسَاكِنْ اُولُوبْ مَاقَبْلِى دَخِى
سَاكِنْ اُولْسَه سَاكِنَه اِعْتِبَارْ اُولُنْمَازْ مَاقَبْلِنَه اِعْتِبَارْ اُولُنُورْ
اَگَرْ مَاقَبْلِى مَفْتُوحْ وَيَا مَضْمُومْ اُولْسَه قَالِينْ اُوقُنُورْ مِثَالِى بِالصَّبْرِ ❁
مِنْ كُلِّ اَمْرٍ ❁ فِى الصُّدُورِ ❁ كِبى ❁ وَاَگَرْ مَكْسُورْ اُولْسَه اِينْجَه
اُوقُنُورْ مِثَالِى بَصِيرٌ ❁ قَدِيرٌ ❁ كِبى ❁ وَدَخِى رَاسَاكِنْ اُولُوبْ مَاقَبْلِى
حَرْفِ لِينْ اُولْسَه اُولْزَمَانْ دَخِى اِينْجَه اُوقُنُورْ مِثَالِى خَيْرٌ ❁ سَيْرٍ ❁ كِبى ❁

بَابُ لَفْظَةُ اللّٰهِ

فَحِينَ لَفْظَةُ اللّٰهِكْ مَاقَبْلِى مَفْتُوحْ وَيَا مَضْمُومْ اُولْسَه قَالِينْ
اُوقُنُورْ مِثَالِى هُوَ اللّٰهُ نَصْرُ اللّٰهِ كِبى ❁ وَاَگَرْ مَكْسُورْ
اُولْسَه اِينْجَه اُوقُنُورْ مِثَالِى بِاللّٰهِ وَلِلّٰهِ كِبى ❁

بَابُ الضَّمِيرِ

فَحِينَ ضَمِيرِكْ مَاقَبْلِى مُتَحَرِّكْ اُولْسَه مَدْ اُولُنُورْ مِثَالِى اِنَّهُ بِهٖ وَلَهُ
كِبى ❁ اَمَّا لَمْ يَتَسَنَّهْ وَمَا اَنْفَقْتُمْ مِنْ نَفَقَةٍ مَدْ اُولُنْمَازْ زِيرَا ضَمِيرْ دَگِلْدِرْ
نَفْسِ كَلِمَه دَنْدِرْ ❁ وَاَگَرْ مَاقَبْلِى سَاكِنْ اُولْسَه قَصْرْ اُولُنُورْ مِثَالِى
عَلَيْهِ اِلَيْهِ فِيهِ كِبى ❁ اَمَّا سُورَۀ فُرْقَانْدَه فِيهٖ مُهَانًا مَدْ اُولُنُورْ ❁

معلوم اوله كه عوجاده تنويني
الف قف ابدوين
سكته يى الف اوزرينه
منع قد ناده دخى الف
اوزرينه منزه اوقده نون
اوزرينه بل ران ده لام
اوزرينه ايچليدر
معلوم اوله كه لينتسنه
سورۂ بقره ده در افتين

سورۂ انعامده در ماهيه
سورۂ القارعه ده در ياقيلري
سورۂ الحاقه ده در
سورۂ الكهف لكنا
معلوم اوله كه الظنونا
سورۂ كهفده در سورۂ
الرسولا السبيلا سلاسلا
احزابده در
قواريرا سورۂ انسانده در

معلوم اوله که حفص
روایتنده حالت وقفده
بری کلمه‌نک اخرینه
نونی شدیدن بدل اولمیه‌رق
الف لاحق اولور اولشدر
الفا اوزرینه وقف اولنور
وصلده الفسز اوقنور
بری متکلم وحده ضمیری
اولان انا در وبری لکنا
هو الله در وبری الظنونا در
وبری الرسولا در وبری
السبیلا در وبری سلاسلا در
حفصدن بر روایتده سلاسلاده
لامی اسکان ایله وقف ایدر
وبری اوکی قواریرا در

باب السكته

سکته قرآن عظیم الشانده درت یرده در * بری سوره‌ء
کهفده عوجا * قیما * وبری سوره‌ء یس ده من مرقدنا هذا
وبری سوره‌ء قیامه ده وقیل من راق * وبری سوره‌ء مطففین ده
کلا بل ران * تعریفی السکتة قطع الصوت
دون النفس * معلوم اوله که هاء سکته ایله قرائت
اولنان کلماتک حالت وصلارنده یعنی لم یتسنه واقتده
وکتابیه وحسابیه ومالیه وسلطانیه وما ادریک
ماهیه ده هانک اثبات ایدن قرا ایچون بر هاء ساکنه
الحاق لازمدر * حضرت عاصم جمیع مواضعده وصلنده
هانک اثباتنی ایلدی * ائمه قرادن بعضیلر کتابیه
حسابیه لفظلرینک غیرینده اثبات ایتمدیلر
اما وقف حالنده هاء سکته‌لرک
اثباتی متفق علیه در

تمت

کتبه الفقیر سلیمان حلمی عفی عنه

٢٢٣

معلوم اوله که روایت حفص
اوزره سوره‌ء فصلت ده اولان
أأعجمی لفظنده ایکنجی همزه‌یی
تسهیل ایله یعنی همزه ایله
همزه بینلده حرکه‌سی مخفی اولان
الف بیننده هانک تابعیسی
اوقنه‌رق قرائت ایتملیدر سوره‌ء
هود ده اولان مجریها لفظنی اماله ایله
قرائت ایتملیدر کسری ایله
بوصورتده یعنی مجریهاده
رانک کسره‌سی واقع اولان الف
اما الف ایله اوقنمیه یعنی صورتده
راء اوتوری
ترقیق لازمدر